# LES
# PETITS LOYERS

## OBLIGATIONS RESPECTIVES

DES

## PROPRIÉTAIRES ET DES LOCATAIRES

AVEC NOTIONS JURIDIQUES

PAR

## Auguste GAMBEY

Ancien Délégué cantonal et ancien Maire

Juge de Paix à Noyers (Yonne)

Prix : 0 fr. 60

EN VENTE : { Chez l'Auteur et à l'Imprimerie A. Delagrange,
rue Lecocq, 173, Bordeaux.

1903

# LES
# PETITS LOYERS

## OBLIGATIONS RESPECTIVES

### DES

## PROPRIÉTAIRES ET DES LOCATAIRES

### AVEC NOTIONS JURIDIQUES

PAR

## Auguste GAMBEY

Ancien Délégué cantonal et ancien Maire

Juge de Paix à Noyers (Yonne)

---

Prix : 0 fr. 60

---

EN VENTE : { Chez l'Auteur et à l'Imprimerie A. Delagrange, rue Lecocq, 173, Bordeaux.

—

1903

# AVANT PROPOS

Les différends qui divisent les propriétaires et les locataires sont de diverses sortes et le nombre des instances introduites devant les tribunaux, soit civils ou cantonaux, dans les villes industrielles notamment, en est fort élevé.

C'est en vue de préciser aux propriétaires et aux locataires les obligations qui leur incombent, plus spécialement pour les petits loyers, que nous avons cru devoir écrire cet opuscule.

Notre aïeul paternel, qui a eu l'honneur d'être maire pendant vingt-huit années consécutives et passait pour être un homme de bon sens, disait, en parlant de procédure, qu'il suffisait de *gagner* cinq procès pour être ruiné.

Cette appréciation qui, à notre avis, n'est pas sans analogie avec une maxime, nous la partageons d'autant plus qu'une expérience de trente années de services publics, dont dix-neuf comme maire et onze à titre de juge de paix, est venue nous confirmer que les procès, en outre de la perte de temps qu'ils occasionnent, sont toujours onéreux quand ils ne sont pas désastreux.

Aussi, à l'heure où nous franchissons le seuil de la vieillesse, nous avons pensé ne pas faire œuvre inutile, mais au contraire profitable, en résumant le résultat de nos recherches en matière de location, autrement dit en faisant un travail de compilation que nous soumettons à nos lecteurs.

# LES PETITS LOYERS

Location
et
enregistrement.

La location est verbale ou par bail écrit. Si le loyer annuel dépasse 100 francs, le bail doit être enregistré et la location verbale être l'objet d'une déclaration au bureau de l'enregistrement, l'article 11 de la loi du 23 août 1871 frappant d'un impôt les conventions verbales relatives aux locations. Ce dernier article a été modifié par l'article 6 de la loi du 28 février 1872, lequel porte : « Les obligations imposées au preneur dans le cas de location verbale par l'article 11 de la loi du 23 août 1871, seront accomplies, à l'avenir, par le bailleur, qui sera tenu du paiement des droits, sauf son recours contre le preneur. Néanmoins les parties restent solidaires pour le paiement du droit simple ».

Il ressort de ces dispositions que le propriétaire est astreint à la déclaration à l'enregistrement et au paiement des droits, mais qu'il a recours contre le locataire pour le remboursement.

**Sous-location.** La sous-location, en totalité ou par parties, est de droit commun, dispose l'article 1717 du Code civil. Il en serait autrement si une clause du bail stipulait le contraire. Ou si le bail portait que le preneur s'engage à ne sous-louer qu'à un nouveau preneur qui sera agréé par le bailleur. Cette restriction équivaudrait à l'interdiction de sous-louer en cas de refus par le propriétaire d'accepter le locataire proposé.

**Recours du propriétaire contre le sous-locataire.** Au cas où le principal locataire ne s'acquitterait qu'imparfaitement du paiement des loyers, le propriétaire pourrait avoir recours contre le sous-locataire mais jusqu'à concurrence du prix de sa sous-location.

**Article 820 du Code de procédure civile.** Le propriétaire détient cette faculté de l'article 820 du Code de procédure civile ci-après : « Peuvent les effets des sous-fermiers et sous-locataires, garnissant les lieux par eux occupés, et les fruits des terres qu'ils sous-louent, être saisis-gagés pour les loyers et fermages dus par le locataire ou fermier de qui ils tiennent; mais ils obtiendront mainlevée, en justifiant qu'ils ont payé sans fraude; et sans qu'ils puissent opposer des paiements faits par anticipation.

**Commentaires sur l'extension de compétence.** La loi bien démocratique de l'extension de compétence des justices de paix, depuis si longtemps promise et toujours retardée, sera promulguée très prochainement, ce n'est plus qu'une question de quelques mois, le Sénat devant très probablement ratifier les modifications introduites par la Chambre des députés.

Elle sera tout à l'honneur des Sénateurs et des Députés qui la voteront. Le mérite en revient pour une large part à M. Cruppi, qui avec la haute compétence qui s'attache à son nom, a été nommé rapporteur de la commission chargée d'élaborer les nombreux projets soumis, et qui, en outre, était animé de la ferme volonté de la faire aboutir.

Nous demandons à nos lecteurs de vouloir bien nous permettre de leur rappeler que l'institution des juges de paix remonte à 1790; elle est donc aujourd'hui plus que séculaire et a fait ses preuves. La statistique démontre que sur cent jugements prononcés par les juges de paix, deux seulement sont contraires à la manière de penser des juges réviseurs.

En parlant du remaniement de cette institution, Gambetta a dit que c'était une des plus belles innovations de l'Assemblée constituante. Dans une circonstance analogue, M. Dufaure a déclaré que s'il n'était ministre il voudrait être juge de paix. Plus récemment et toujours dans les mêmes cirtances, un opposant à la réforme sur l'extension de compétence, sous le prétexte quelque peu risqué que les magistrats cantonaux ne possédaient pas les connaissances juridiques voulues, s'est attiré de M. le Garde des Sceaux une riposte de belle envergure. Veuillez vous donner la peine de compulser la Bibliothèque de droit, lui a dit M. Vallé, ministre, et vous y trouverez quantité d'ouvrages émanant de juges de paix, même non diplômés. Réponse bien appropriée, car le diplôme, tout en en reconnaissant le mérite, ne crée pas la science.

**Compétence.** Maintenant lecteurs, rentrons dans les petits loyers, c'est-à-dire dans ceux de 600 francs et au-dessous, chiffre de la compétence dévolue aux juges de paix par la nouvelle loi. Toutefois, il convient de ne pas perdre de vue que parmi les loyers supérieurs à 600 francs, l'application des obligations décrites ci-après devra être observée, pour les fermages surtout, afin de prévenir une procédure dans laquelle, par des formes lentes, vicieuses, passionnées, la valeur de la chose contestée pourrait se trouver absorbée par les frais.

Voici le texte des articles 3 et 4 de la loi susdite concernant la location.

**Article 3 nouveau.** « Les juges de paix connaissent sans appel jusqu'à la valeur de 300 francs et à charge d'appel à quelque valeur que la demande puisse s'élever :

» Des actions en paiement des loyers ou fermages ;

» Des congés ;

» Des demandes en résiliation de baux fondées soit sur le défaut de paiement des loyers et fermages, soit sur l'inexécution des clauses et conditions du bail, soit sur l'insuffisance des meubles garnissant la maison, ou de bestiaux et ustensiles nécessaires à l'exploitation, prévues par les articles 1752 et 1766 du Code civil, soit enfin sur la destruction de la totalité de la chose louée, prévue par l'aticle 1722 du Code civil ;

» Des expulsions des lieux ;

» Des demandes en validité et en nullité ou mainlevée des saisies-gageries en vertu des articles 819 et 820 du Code de procédure civile, ou de saisies-revendications portant sur des meubles déplacés sans le consentement du propriétaire, dans les cas prévus aux articles 2102, § 1er du Code civil, et 819 du Code de procédure civile, à moins que, dans ce dernier cas, il n'y ait contestation de la part d'un tiers;

» Le tout lorsque les locations verbales ou écrites n'excèdent pas annuellement 600 francs.

» Si le prix principal du bail se compose en totalité ou en partie de denrées ou prestations en nature appréciables d'après les mercuriales, l'évaluation de ces denrées ou prestations sera faite sur les mercuriales du jour de l'échéance, lorsqu'il s'agira du paiement des fermages; dans les autres cas elle aura lieu suivant les mercuriales du mois qui aura précédé la demande;

» S'il comprend des prestations non appréciables d'après les mercuriales,

ou s'il s'agit de baux à colons partiaires
le juge de paix déterminera la compétence en prenant pour base du revenu
de la propriété, le principal de la con-
tribution foncière de l'année courante
multiplié par cinq ».

Article 4 nouveau. « Les juges de paix connaissent sans
appel jusqu'à la valeur de 300 francs,
et à charge d'appel à quelque chiffre
que la demande puisse s'élever :

» Des réparations locatives des maisons ou fermes mises par la loi à la
charge des locataires ;

» Des indeminités réclamées par le.
locataire ou fermier pour non jouissance provenant du fait du propriétaire ;

» Des dégradations et pertes dans
les cas prévus par les articles 1732 et
1735 du Code civil ;

» Néanmoins, le juge de paix ne
connait des pertes causées par un
incendie ou inondation que dans les
limites posées par l'article 1er de la
présente loi ».

Mentionnons également les articles du Code civil et de celui du Code de procédure civile dont il est parlé aux articles 3 et 4 ci-dessus.

**Article 1722 du Code civil.** « Si, pendant la durée du bail, la chose louée est détruite en totalité par cas fortuit, le bail est résilié de plein droit ; si elle n'est détruite qu'en partie, le preneur peut, selon les circonstances, demander ou une diminution du prix, ou la résiliation même du bail.

» Dans l'un et l'autre cas, il n'y a lieu à aucun dédommagement. »

**Article 1732 du Code civil.** « Il (le preneur) répond des dégradations ou des pertes qui arrivent pendant sa jouissance, à moins qu'il ne prouve qu'elles ont eu lieu sans sa faute. »

**Article 1735 du Code civil.** « Le preneur est tenu des dégradations et des pertes qui arrivent par le fait des personnes de sa maison ou de ses sous-locataires. »

**Article 1752 du Code civil.** « Le locataire qui ne garnit pas la maison de meubles suffisants peut être expulsé, à moins qu'il ne donne des sûretés capables de répondre du loyer. »

« Si le preneur d'un héritage rural ne le garnit pas des bestiaux et des ustensiles nécessaires à son exploitation, s'il abandonne la culture, s'il ne cultive pas en bon père de famille, s'il emploie la chose louée à un autre usage que celui auquel elle a été destinée, ou, en général, s'il n'exécute pas les clauses du bail, et qu'il en résulte un dommage pour le bailleur, celui-ci peut, selon les circonstances, faire résilier le bail.

» En cas de résiliation provenant du fait du preneur, celui-ci est tenu des dommages et intérêts, ainsi qu'il est dit en l'article 1764. »

« Les créances privilégiées sur certains meubles sont :

« Les loyers et fermages des immeubles, sur les fruits de la récolte de l'année, et sur le prix de tout ce qui garnit la maison louée ou la ferme, et de tout ce qui sert à l'exploitation de la ferme ; savoir, pour tout ce qui est échu, et pour tout ce qui est à échoir, si les baux sont authentiques, ou si, étant sous signature privée, ils ont une date certaine ; et, dans ces deux cas, les autres créanciers ont le droit de relouer la maison ou la ferme pour le restant du bail, et de faire leur profit des baux ou fermages, à la charge toutefois de payer au propriétaire tout ce qui lui serait encore dû.

» Et, à défaut de baux authentiques, ou lorsque étant sous signature privée ils n'ont pas une date certaine, pour une année, à partir de l'expiration de l'année courante ;

» Le même privilège a lieu pour les réparations locatives, et pour tout ce qui concerne l'exécution du bail ;

» Néanmoins, les sommes dues pour les semences ou pour les frais de la récolte de l'année, sont payées sur le prix de la récolte, et celles dues pour ustensiles sur le prix de ces ustensiles, par préférence au propriétaire, dans l'un et l'autre cas.

3

» Le propriétaire peut saisir les meubles qui garnissent sa maison ou sa ferme, lorsqu'ils ont été déplacés sans son consentement, et il conserve sur eux son privilège, pourvu qu'il ait fait la revendication, savoir :

Lorsqu'il s'agit de mobilier qui garnissait une ferme, dans le délai de quarante jours, et dans celui de quinzaine, s'il s'agit des meubles garnissant une maison. »

**Article 819 du Code de procédure civile.**

» Les propriétaires et principaux locataires de maisons ou biens ruraux, soit qu'il y ait bail, soit qu'il n'y en ait pas, peuvent, un jour après le commandement, et sans la permission du juge, faire saisir-gager, pour loyers et fermages échus, les effets et fruits étant dans lesdites maisons ou bâtiments ruraux, et sur les terres. Ils peuvent même faire saisir-gager à l'instant, en vertu de la permission qu'ils en auront obtenue, sur requête, du Président du tribunal de première instance.

» Ils peuvent aussi saisir les meubles qui garnissaient la maison ou la ferme, lorsqu'ils ont été déplacés sans leur consentement; et ils conservent sur eux, leur privilège, pourvu qu'ils en

**Article 820 du Code de procédure civile.**

aient fait la revendication, conformément à l'article 2102 du Code civil ».

*(Voir à la page 6).*

**Comparaison et commentaires.**

Des dispositions ci-dessus de la nouvelle loi, comparées avec celles se rattachant au même objet que celles du 25 mai 1838, il résulte que la compétence du juge cantonal est notablement étendue. Elle aura pour conséquence de décharger d'autant, sauf les appels qui pourront se produire, le tribunal d'arrondissement auquel il fallait autrefois s'adresser pour obtenir solution.

Nous ne pensons pas que les gens disposés à plaider pour n'importe quoi, se figureront voir dans ces dernières lignes, une invitation tacite à introduire au canton une affaire d'amour-propre ou simplement tracassière. Au contraire, car c'est surtout en matière de procès que l'amour-propre doit être mesuré rigoureussment et une banalité peut mal disposer le juge.

Quel est donc celui d'entre nous, qui ne se souvient de l'origine de notre institution, de l'idée dominante de l'acception du mot, en vue d'éteindre les litiges et 'maintenir la concorde entre les particuliers. L'histoire rapporte que quelques constituants pensaient de plus inaugurer une ère de calme parfait..... un bon père de famille tenant en ses mains l'olivier de la paix devant faire disparaitre les passions et garantir à jamais l'ordre public!

**Commentaires sur l'expulsion.** Les contestations auxquelles le paiement des petits loyers donne lieu sont une cause de pertes assez élevées pour les propriétaires et souvent de ruine pour les débiteurs. Lorsque la gêne d'un locataire l'empêche de payer, les formalités indispensables pour l'obtention d'un jugement le surchargent d'une nouvelle dette. Ainsi, aux termes échus, s'ajoutent les frais de justice et le terme du loyer qui peut s'accumuler pendant la durée du procès et son exécution. D'autre part, le propriétaire n'est pas exposé seulement à supporter les frais que son débiteur est hors d'état de payer, mais en outre il ne peut pas disposer de sa propriété et remplacer le locataire qui ne s'acquitte pas envers lui. Aussi, il n'est pas rare qu'un propriétaire préfère tenir quitte un locataire qui consent à partir au lieu d'introduire une demande d'expulsion qui occasionne un débours que nous n'hésitons pas à qualifier de dispendieux et dont le remboursement est le plus souvent fort aléatoire.

**Obligations du propriétaire.** Les obligations fondamentales du propriétaire se trouvent définies par les articles suivants du Code civil.

**Article 1719 du Code civil.** « Le bailleur est obligé, par la nature du contrat, et sans qu'il soit besoin d'aucune stipulation particulière :

» 1° De délivrer au preneur la chose louée ;

» 2° D'entretenir cette chose en état de servir à l'usage pour lequel elle a été louée ;

» 3° D'en faire jouir paisiblement le preneur pendant la durée du bail. »

**Article 1720 du Code civil.** « Le bailleur est tenu de délivrer la chose en bon état de réparation de toute espèce.

» Il doit y faire pendant la durée du bail toutes les réparations qui peuvent devenir nécessaires, autres que les locatives. »

**Article 1723 du Code civil.** « Le bailleur ne peut, pendant la durée du bail, changer la forme de la chose louée. »

**Article 1724 du Code civil.** « Si, durant le bail, la chose louée à besoin de réparations urgentes et qui ne puissent être différées jusqu'à sa fin, le preneur doit les souffrir, quelque incommodité qu'elles lui causent et quoiqu'il soit privé pendant qu'elles se font, d'une partie de la chose louée.

Mais si ces réparations durent plus de quarante jours, le prix du bail sera diminué à proportion du temps et de la partie de la chose louée dont il aura été privé.

» Si les réparations sont de telle nature qu'elles rendent inhabitable ce qui est nécessaire au logement du preneur et de sa famille, celui-ci pourra faire résilier le bail. »

**Article 1756 du Code civil.** « Le curement des puits et celui des fosses d'aisances sont à la charge du bailleur, s'il n'y a clause contraire. »

Ainsi que nous l'avons dit plus haut, ces obligations du propriétaire ne sont pas limitatives, il en est encore d'autres appliquées par la jurisprudence et l'usage dont nous ferons une énumération aussi complète que possible sous la rubrique *réparations locatives* en désignant celles dont le propriétaire ne peut se dispenser.

**Obligations du locataire.** Le locataire est notamment obligé de remplir les obligations prescrites par les articles du Code civil, ci-après.

**Article 1728 du Code civil.** « Le preneur est tenu de deux obligations principales :

» 1° D'user de la chose louée en bon

père de famille, et suivant la destination qui lui a été donnée par le bail, ou suivant celle présumée d'après les circonstances, à défaut de convention ;

2° De payer le prix du bail aux termes convenus. »

Article 1729 du Code civil. « Si le preneur emploie la chose louée à un autre usage que celui auquel elle a été destinée, ou dont il puisse résulter un dommage pour le bailleur, celui-ci peut, selon les circonstances, faire résilier le bail. »

Article 1754 du Code civil. « Les réparations locatives ou de menu entretien dont le locataire est tenu, s'il n'y a clause contraire, sont celles désignées comme telles par l'usage des lieux, et, entre autres, les réparations à faire :

» Aux âtres, contre-cœurs, chambranles et tablettes des cheminées ;

» Au recrépiment du bas des murailles des appartements et autres lieux d'habitation, à la hauteur d'un mètre ;

» Aux pavés et carreaux des chambres, lorsqu'il y en a seulement quelques-uns de cassés ;

» Aux vitres, à moins qu'elles ne soient cassées par la grêle, ou autres accidents extraordinaires et de force majeure dont le locataire ne peut être tenu ;

» Aux portes, croisées, planches de cloison ou de fermeture de boutiques, gonds, targettes et serrures. »

**Obligations du fermier et durée du bail sans écrit.** En outre des obligations ci-dessus et de celles prévues par l'article 1766 reproduit à la page 14, le Code civil impose encore aux fermiers :

D'engranger dans les lieux à ce destinés par le bail ;

D'avertir le propriétaire en temps utile des usurpations qui peuvent être commises sur les fonds.

D'autre part, le bail sans écrit, d'un fonds rural est censé fait pour le temps qui est nécessaire afin que le preneur recueille tous les fruits de l'héritage affermé.

Ainsi, le bail à ferme, d'un pré,

d'une vigne, et de tout autre fonds dont les fruits se recueillent en entier dans le cours de l'année, est censé fait pour un an;

Le bail des terres labourables, lorsqu'elles se divisent par soles ou saisons, est censé fait pour autant d'années qu'il y a de soles.

La règle que le bail sans écrit de terres assolées est censé fait pour autant d'années qu'il y a de soles, est applicable même dans les localités où s'est introduit l'usage de rebouler les jachères, c'est-à-dire d'y cultiver des plantes oléagineuses, la substitution du reboulage ne détruisant pas l'assolement.

L'article 1774 du Code civil ne fixant que la durée des baux sans écrit, et non le délai dans lequel doit être signifié le congé, il convient, au cas de tacite reconduction, d'observer le délai fixé par l'usage des lieux. (*Gazette des Tribunaux*, 6 mai 1894).

Lorsque, sur une demande en paiement des loyers, le défendeur conteste l'existence du bail verbal, le demandeur ne peut être admis à prouver par témoin, soit l'existence du bail, soit le commencement d'exécution. (Cassation, 25 août 1884).

**Etat des lieux.** D'après l'article 1730 du Code civil, s'il a été fait un état des lieux entre le bailleur et le preneur, celui-ci doit rendre la chose telle qu'il l'a reçue, suivant cet état, excepté ce qui a péri ou a été dégradé par vétusté ou force majeure. Et que si, aux termes de l'article suivant, il n'a pas été fait d'état des lieux, le locataire est présumé avoir reçu l'appartement en bon état et doit le rendre tel, preuve contraire réservée.

L'état des lieux doit être sur timbre, fait en double et signé des parties. Comme il n'a d'importance que pour le locataire, c'est ordinairement ce dernier, qui en supporte la dépense.

**Bail de l'habitation, durée.** Tout bail verbal est réputé annal, ce qui revient à dire que s'il n'y a aucune convention écrite le locataire devra rester l'année entière. Toute année recommencée est due entièrement.

Dans certaines localités il est fait exception à cette règle pour les fonctionnaires, lors de leur changement de poste ; en outre du trimestre en cours, ils paient celui qui suit à titre d'indemnité au propriétaire.

La remise d'arrhes au propriétaire, ou le denier à Dieu au concierge d'une maison ne prouve pas l'existence de la location. Il n'y a dans cette remise qu'un lien moral constatant qu'elle a été à l'état de projet entre les parties. (Tribunal de la Seine, 10 décembre 1881).

Si le bail est écrit, son expiration étant l'objet d'une clause, pas de difficulté quant à la durée ; propriétaire et locataire devant s'y soumettre.

Mais si le bail est verbal et qu'il y ait contestation d'une des parties sur la durée, il faudra pour le faire cesser,

que l'une des parties donne congé à
l'autre en observant le délai suivant
l'usage des lieux.

Rappelons que le contrat de louage
n'est point résolu par la mort du
bailleur, ni par celle du preneur.

**Du congé.** Le congé est l'acte par lequel le
propriétaire fait connaître à son locataire qu'il ait à vider les lieux à lui
loués pour telle époque ; ou l'acte par
lequel le locataire informe le propriétaire qu'il aura la disposition des lieux
loués à telle date.

Lorsque c'est par tolérance qu'on
loge une personne, le congé n'est pas
nécessaire.

En général, le congé est fait par
exploit d'huissier ou par lettre recom-
mandée, la loi n'en ayant pas prévu
la forme ; rien ne s'oppose donc à ce
qu'il soit fait par une reconnaissance
écrite, même sur papier libre, datée et
signée des parties lorsqu'elles sont
d'accord sur ce point.

Les frais du congé sont supportés

par celui qui commet l'huissier pour la signification.

Dans quel délai le congé doit-il être donné ?

La loi s'en réfère à l'usage des lieux.

Usage des lieux. L'usage des lieux diffère selon les localités, et il y a même des exemples qu'il n'est pas uniforme dans les villes divisées en plusieurs cantons.

En 1844, le 26 juillet, le Ministre de l'Intérieur a adressé aux Préfets une circulaire prescrivant *la Recherche, la Constatation et la Vérification des Usages locaux ayant force de Loi.*

Mais ce travail n'ayant pas été fait en général, une nouvelle circulaire du 15 février 1855 du Ministre de l'Agriculture, a rappelé aux Préfets qu'ils aient à désigner une commission présidée par le Juge de paix et composée du Membre de la Chambre consultative d'agriculture, du Membre du Conseil général, et de deux ou trois autres

membres choisis parmi les officiers
ministériels exerçant dans la localité
et les cultivateurs les plus instruits.

Le travail des commissions canto-
nales accompli, il a été centralisé au
chef-lieu de chaque département et un
exemplaire déposé aux archives des
tribunaux, pour, ces derniers, en faire
l'application lorsqu'il y a lieu.

**Paiement.** Le paiement doit être exécuté dans
le lieu désigné par la convention, porte
l'article 1247 du Code civil. A défaut
de convention écrite il doit être fait au
domicile du débiteur, c'est-à-dire du
locataire, et aux époques déterminées
par l'usage des lieux.

En cas de non paiement et de cession
de bail par un preneur, il a été jugé
que c'est le droit de jouir qui a été
cédé, et non les obligations attachées
à cette jouissance, et qui en sont la
contre-partie.

La novation ne se présumant pas,
le cédant ne peut être exonéré de ses
obligations envers le bailleur, sans le

consentement formel de celui-ci. Le fait par le bailleur d'avoir reçu directement des loyers des mains du cessionnaire est, à lui seul, insuffisant pour opérer la novation. (Justice de paix canton sud, Tours, 8 mars 1901.)

**Impôt des portes et fenêtres.** L'impôt des portes et fenêtres doit être payé par le locataire, le plus ordinairement ce dernier en opère le remboursement au propriétaire, selon l'importance du local occupé.

Lorsque dans un bail il a été stipulé que le locataire prendrait à sa charge *les contributions,* cette désignation comprend aussi l'impôt foncier. (Tribunal de la Seine, 21 novembre 1873.)

**Ecriteau.** Le congé une fois donné, le propriétaire est en droit, d'après l'usage des lieux, de placer en évidence sur l'immeuble un tableau que l'appartement, magasin, etc., est à louer, mais c'est à la condition expresse que par ses dimensions il ne troublera la jouissance du locataire congédiable.

**Visite de logement.** Et ce dernier est tenu de donner

chaque jour, au moins pendant une heure, la faculté de visiter le logement à relouer. En s'y refusant, il s'exposerait à payer des dommages-intérêts.

**Remise des clefs.** La remise des clefs par le locataire au propriétaire doit être faite à l'expiration du bail. Dans certaines localités il est d'usage d'accorder un délai de grâce jusqu'au lendemain avant midi.

C'est au moment de la remise des clefs qu'il convient de fixer le jour et l'heure où la chose louée sera visitée concurremment entre eux pour s'assurer si toutes les réparations locatives ont été ou non suffisantes.

**Réparations locatives.** Le premier paragraphe de l'article 1754 du Code civil, ainsi que nous l'avons lu, page 22, s'étend :

1° Aux âtres, contre-cœurs, chambranles et tablettes des cheminées;

S'il y a dégradation de l'âtre, c'est-à-dire du carrelage, des porte-pincettes, des jambages et de la tablette des cheminées, du rideau de tôle et de son cadre, des plaques de fonte, c'est au

locataire qu'appartient le soin des réparations et même du remplacement au
cas ou par suite d'un feu trop intense
les plaques de fonte se seraient brûlées
ou simplement fendues. Est aussi à sa
charge l'entretien de la crémaillère.

Une innovation qui tient à se géné-
raliser dans les villes, comme appareil
de chauffage est la construction d'un
calorifère fixe. C'est au locataire qu'incombe l'entretien des portes, trappes,
bouches-guichets, etc. Mais l'appareil
proprement dit ainsi que les conduits et
les tuyaux font partie du gros entretien,
c'est donc au propriétaire d'y pourvoir.

Bien plus communément se rencon-
tre le calorifère mobile, le traditionnel
poële, qui généralement déverse la
fumée au moyen de tuyaux allant
rejoindre une cheminée dans laquelle,
au préalable, il a fallu faire une
trouée pour le passage du tuyau ; la
garniture de cette trouée, qui est pres-
que toujours en tôle et que l'on dé-
nomme manchette, ainsi que la mise

en place, est à la charge du locataire, qui, à l'expiration de la location pourra s'en faire rembourser la dépense, sinon en totalité, du moins en partie, en présentant la facture au propriétaire, à moins toutefois que ce dernier exige la remise en l'état.

Le ramonage des cheminées est une réparation locative.

2° Au recrépiment du bas des murailles des appartements et autres lieux d'habitation, à la hauteur d'un mètre.

Le locataire est donc tenu à la répation des dégâts causés par le seul fait de la chose.

Mais il ne saurait être responsable des dégradations si elles ne provenaient pas de son fait, c'est-à-dire si elles étaient occasionnées par vétusté ou force majeure.

3° Aux pavés et carreaux des chambres, lorsqu'il y en a seulement quelques-uns de cassés ;

Pour bien faire comprendre le sens de ce paragraphe, nous croyons devoir

citer un exemple : ainsi une toute
petite partie du carrelage descellée,
brisée ou même usée par l'usage de
chaque jour, est une réparation locative. Mais si, au contraire, il est cons-
taté que cette dégradation résulte de
la vétusté du plancher sur lequel repose
le carrelage, ou des défauts de la
construction, que l'humidité les a
pourris ou feuilletés, ce n'est plus alors
une réparation à laquelle le locataire
est astreint.

4° Aux vitres, à moins qu'elles ne
soient cassées par la grêle, ou autres
accidents extraordinaires et de force
majeure dont le locataire ne peut être
tenu ;

Nous estimons que si les fenêtres de
l'appartement loué sont protégées par
des persiennes ou des volets, c'est au
locataire qu'appartient le soin de les
utiliser en les fermant en cas de grêle ;
que ne le faisant pas par négligence
ou autrement, il doit supporter la
dépense des vitres brisées.

Toute fêlure compte comme vitre cassée entièrement.

5° Aux portes, croisées, planches de cloison ou de fermeture de boutiques, gonds, targettes et serrures ;

Pour les portes, de même que pour les croisées, persiennes et volets, il y a lieu de distinguer ce qui est ferrure de ce qui est fermeture. Ainsi les gonds, les paumelles sont à la charge du propriétaire, tandis que le locataire a l'entretien de tout ce qu'il fait manœuvrer pour ouvrir et pour fermer, même lorsque la dégradation ne résulterait que de l'usage. Donc, les réparations des serrure, clef, espagnollette, crémone, sont des réparations locatives.

Indépendamment des réparations locatives ci-dessus, les locataires en ont encore d'autres à supporter, admises par la jurisprudence et l'usage des lieux. Nous allons en traiter puisqu'elles rentrent dans le cadre que nous nous sommes tracé et avec elles nous rentrerons dans l'intérieur de l'habitation puis nous irons dans la cour et au jardin.

**Parquet.** Lorsque le parquet des appartements a été livré en bon état d'encaustique et de frottage lors de l'entrée du locataire, celui-ci doit le rendre de même. Au cas où il n'y aurait pas eu d'encaustique à l'entrée, un nettoyage complet serait suffisant. Mais si le parquet a été tâché, brûlé, le locataire devra supporter les frais d'un lessivage et même d'un rabotage s'il y avait nécessité de le faire.

**Plafond et appareils à éclairage.** Est obligé également le locataire de faire reboucher les trous de vis, pitons, etc., nécessaires pour fixer les rideaux de lit, suspendre les tableaux, maintenir les glaces, installer le téléphone. Si le gaz ou l'électricité ont été établis par le propriétaire, la réparation des fuites et des dégradations aux appareils pour toute la partie dont il jouit exclusivement est une charge locative.

**Placard.** Le menu entretien des fermetures

et le nettoyage des tablettes incombe au locataire.

**Peinture et papiers.** Si l'appartement a été fraichement décoré à l'entrée du locataire et que celui-ci soit resté assez longtemps, supposons six ou huit années consécutives, il paraît juste de ne lui rien réclamer, au bout de ce temps le remplacement du papier peut s'imposer selon que le mur est plus ou moins humide et les peintures ont besoin d'être rafraîchies. Mais il en serait autrement s'il y avait des dégradations, des déchirures et que la location n'ait été que de quelques années. Il peut arriver aussi, au bout de peu de temps même, que les peintures passent, s'effritent, que le papier se décolle ou se tache de moisissure, dans ce cas le locataire ne saurait être rendu responsable, la cause se trouvant dans la mauvaise qualité de la construction.

**Escalier, rampe.** Lorsqu'il y a plusieurs locataires qui font usage du même escalier, son entretien ainsi que celui de la rampe incombe au propriétaire.

**Fourneau fixe de cuisine.** Le fourneau fixe de cuisine, qui a vécu en quelque sorte, celui en fonte le remplaçant plus avantageusement, laissait à la charge du locataire l'entretien des carreaux sur le dessus et de ceux recevant les cendres, en outre, le remplacement des grilles lorsqu'elles étaient brûlées.

**Evier.** La pierre à évier écornée par le locataire doit être remplacée par lui. Il en serait autrement si elle avait un défaut, cause de la cassure. La réparation de la grille destinée à prévenir l'engorgement du tuyau de conduite est une réparation locative à l'exclusion dudit tuyau.

**Eau, salle de bains.** Si l'eau est aménagée à la cuisine ou dans l'appartement, l'entretien du robinet et du tuyau intérieur à découvert l'y conduisant incombe au locataire. Il en est encore ainsi pour la baignoire, quand il existe une salle de bains dans l'appartement.

**Puits et pompe.** Nous avons vu, page 21, que le curage du puits est à la charge du propriétaire. Il en est de même, quand il y a plusieurs locataires dans la même maison, pour l'entretien de la poulie, de la corde ou chaîne et des seaux. Mais lorsqu'il n'y a qu'un seul locataire, c'est à ce dernier de réparer ces menus objets. Est encore à la charge du locataire l'entretien du piston de la pompe, de la tringle ou guide qui sert à le mouvoir, du balancier. De plus, il doit veiller, en temps de gel, au déchargement de la pompe au moyen du robinet à ce destiné.

**Sonnette.** Le locataire doit entretenir la sonnette et les fils servant à l'actionner, et aussi les piles si elle est électrique.

**Cuvette d'aisances.** La cuvette d'aisances étant d'un usage journalier, le graissage du mécanisme est à la charge du locataire. Quant aux réparations nécessitées par la rouille ou l'oxyde dans les parties où il est difficile d'accéder, c'est au propriétaire à y pourvoir.

**Jardin.** Le locataire doit entretenir le jardin en bon état, tailler et soigner les arbres, arbrisseaux, espaliers, etc. Il doit aussi faire les réparations partielles aux treillages.

Le locataire ne peut emporter les arbres qu'il a plantés, mais le propriétaire doit lui tenir compte de la somme déboursée. Il n'en est pas de même pour les arbustes et arbrisseaux dont le locataire aurait fait la plantation, étant libre de les enlever s'il le juge à propos.

Parfois l'entrée en jouissance de la maison avec jardin y afférent se trouve être vers le milieu de l'année, c'est-à-dire à une époque où le jardin renferme des produits en végétation, semés et soignés par tout autre que le locataire entrant, alors une question se pose. Qui fera la récolte ? est-ce celui qui a semé et soigné qui la recueillira, l'accès du jardin lui sera-t-il accordé? Au cas où il lui serait refusé il y aurait lieu de provoquer une expertise pour déterminer l'indemnité à accorder au locataire sortant qui ne serait plus à même de recueillir le produit de son travail.

Il en serait autrement si le locataire sortant, lors de son entrée, avait eu la jouissance entière du jardin et récolté par conséquent les produits qui s'y trouvaient à ce moment là.

Conclusion.    Pour terminer cette énumération que nous avons faite aussi complète que possible, nous croyons devoir ajouter que certains propriétaires, ou plutôt leurs architectes, ont pris l'habitude de réclamer aux locataires des réparations qui ne sont réellement pas dues par eux. C'est ainsi que l'on voit figurer quelquefois dans des états de réparations dressés par les architectes, l'encaustique des parquets, le lessivage des carreaux, des peintures et bien d'autres menues réparations dont l'ensemble finit par produire un total onéreux.

Ce sont des prétentions excessives

et injustifiées, qui ne sauraient être admises surtout après une location de six années ou plus.

L'occupation seule des lieux loués, si soigneuse soit-elle, l'habitation par une famille pendant un temps plus ou moins long ont pour conséquence nécessaire de défraichir plus ou moins l'appartement ainsi occupé, et l'on ne peut obliger le locataire à rendre cet appartement exactement en l'état où il l'a pris. Il n'est tenu que des dégradations prévues par la loi, ou de celles qui sont la conséquence d'un usage abusif ou d'une négligence et d'une faute manifestes.

# TABLE DES MATIÈRES

Bordeaux. — Imp. A. Delagrange, rue Lecocq, 173.

www.ingramcontent.com/pod-product-compliance
Lightning Source LLC
Chambersburg PA
CBHW060745280326
41934CB00010B/2363